등에 핀 꽃

등에 핀 꽃

정미숙 시집

작가

시인의 말

어느 날
옹골찬 빛들
내게 다가와
등에 핀 꽃이라 불러주더니
다시
백마역에 있는 백마와 함께
희망
또 다른 희망 낳으러 가자며
귓속말 한다

2018년 늦가을

무등산 아래서

차 례

제 2부

제 3부

제 4부

제 1 부

단풍

천일 기다린 바람이 왔다
그 바람 가고나면
저 단풍 다 떨어지고 말거야

또 다른 바람으로
또 다른 그리움 들겠지

연리지 사랑

한 번 건드리면 꽃 피고
또 한 번 건드리면 열매 맺는 나무
모래 볶듯 쏟아져 내리는 햇발 속에
빛보다 어둠 속에서 빛나던 연리지 사랑
발 없는 새 날아다니기만 하다 지치면
바람에 몸 맡기고 쉴 수 있지만
땅에 내려앉을 수 없어 평생 날아다니다
죽을 때 딱 한번 땅에 내려앉는다는
무족조無足鳥는 연리지 사랑이야

화순 너릿재 옛길 숲에 가면
밑동이 다르게 크다
한쪽으로 기울면서 윗몸, 붙어버린 몸
너무 밀착되어 떨어질 수 없어라
뿌리에서 각자 걷어 올린 양분 나눠 쓰며
서로 피어낸 가지며 이파리들

부럽고 부러운 연리지 사랑이야!

등에 핀 꽃

애기 낳으러 들어가기 전
뒤돌아보게 한
댓돌에 놓인 신발 내려다 본
옛 어미들처럼

육중한 맨홀 뚜껑 열리며
맨홀 뚜껑 다시 쳐다보면서
계단으로 내려갔었지

구멍이란 구멍으로
거센 먼지 날아와
천지 구분 못한 맨홀 안에서
뒤로 물러설 수 없기에
터벅터벅 걸어갔었지

허리에 3kg 무게의 연장통 차고서
사다리 타고 올라가
4m의 천장에 매달려
형광등 40개 바꾸던 시절
지금처럼 동작 스위치 버튼

한 번만 누를 줄 알았더라면
이렇게 서럽지 않았으리요

그 무시무시한 뉴마브르*
제 할 일을 위해 거대한
문어 다리 이끌고
기계 사이사이 다니다가 사다리 덮쳐버리면
1분당 2만 6천 rpm** 속도 기계 위에 낙상하여
벡다섯*** 조각의 처형처럼
뿔뿔이 흩어진 육신
수습이나 할 수 있었을까
등에 핀 꽃
지옥문 넘나들기도 했었지

고장난 자전거 타고 달리다
어두운 빙판길 위에
나뒹굴며
더듬더듬
흩어진 부품들 찾을 때
자라지 못한 손톱마저

닳고 닳아져 시린 그 애처로움에
구름에 가려진 초승달마저
글썽이던 눈망울 되어
내려다보았지

여러 해 보내고 보니
귀신보다 무서운 게 졸음이요
뼈 마디마디에 전기 고문 같은 통증 남아
지금도
등에 꽃이 피고 있다

세상에 보이지 않은 통증
모두다
등에 핀 꽃이나

*뉴마브르: 기계사이 반복으로 다니며 먼지 제거 하는 대형청소기

**rpm: 분당의 회전 단위

***백다섯 조각의 처형: 옛 중국의 사형제도

젖몸살

애잔하고 매운 초승달

노란빛 광채를 지나 오렌지색 물감으로
뭉클뭉클 풀어
산 밑으로 지나는 걸 보았다

깊은 내 안에 숨어들어 온 꽃씨
수천수만 년 동안 숨죽이고 있던 먼지들
화산재, 덮고 있던 씨앗의 흰 털들
먼 곳으로부터 온 또 하나의 생명이기에
막 터져 나오려는 듯
내 가슴을 크게 부풀게 하고 있다

산통이 시작되면 세상 어딘가에
버드나무 위에 올라가 나뭇가지 휘어잡고
힘써 아이 낳고 있는 여인이 있듯
나도 산목産木을 붙들고 힘 쓸 삼신 끈 꼬아
젖몸살 하는 가슴 풀어
어여쁜 늦둥이 하나 낳아 볼까한다

모나코 나비*

너는 삼천 만 년 전 나방에서 나비로 변해
미친 듯 잎사귀 먹고, 허물 네 번 벗어
뽑아낸 비단 실 길이 40km
거듭나기 위해 숭고하고 끔찍한 노역에 시달린 너
몸 가두고 겨울나무에 매달려
변신한 모나코 나비

코 없이 더듬이로 냄새 맡으며
꽃즙 먹고 힘, 세어졌지만
날개 있다 하여 아무 때나 날 수 없으므로
햇볕 쪼이고 삼십도 체온 유지하며
밝은 날 바다를 건넜다

비상에 대한 목마름으로
삶에 대한 욕망으로
전생에 나 모나코 나비였는지 몰라!

* 모나코나비 : 지구 반 바퀴 돌아와 멕시코 계곡에서 겨울 난 뒤 유럽까지 날아간다.

모드셀라 소나무*

키리바시**에서
시집 온 이오콰케터
세 아이의 어미다
늘 그리운 고향 부모 형제들
어서어서 돈 많이 벌어
이곳에서 함께 살고 싶다며
구리 빛 얼굴 환하게 웃는다

일 년 내내 텃밭 온도 삼십이도
출렁이던 그리움
저 멀리 밀어내고
마른 땅 위에 뿌리내리며 서서
뼈다귀 같은 몸 뒤틀며
온몸 땀으로 범벅되어 독야청청 버티어
여덟 시간 뜨겁게 뜨겁게
지켜낸 너와 나
모드셀라 소나무 닮아가고 있다

검은 머리 위에
서리 내려앉자

너와 나 해맑게 웃으며
서리도 함께 나풀나풀 춤추며
모드셀라 소나무도 웃는다

*모드셀라 소나무: 100년 동안 3cm 자라며 4,900년 살고 있는 소나무
**키리바시: 남태평양의 작은 섬나라 30~60년 후 지도상에서 사라질 것으로 예상 된 나라

가시꽃

불로 지져놓은 태양이 있었다

물 적셔 솔잎으로 짠 담요 위에
가시 이불 덮으며
벽에 걸린 박제에게
이렇게, 이렇게 아픈데
너는 괜찮니?

뼛속을 관통하거나 뼈 근처에 못가고
51년 동안 반복한 마찰
매일 어두워질 필요 있어
묻혀 있던 총알의 애증

행복을 습관처럼 받아들인 것이
벌레가 새 되는 것만큼 어려웠다
고통에 다 뜻이 있듯
폭풍 속에서 사라져간 맹세와 배신
아픔을 딛고 핀 저 가시꽃들

등대

너, 거기 있어 외로움 덜했지
끌어당긴 그물에 불빛만 가득했지

너, 스스로 재촉하여 슬픔을 무르익게 하고
수많은 밤 지새운 눈동자
반짝이는 금실로 따사롭게 비추었지

꺼져가는 소리의 물결 빗나갈 때
무수한 파문과 가슴 속 뛰는 맥박
너 그것을 사랑하였으므로
쓰라린 떨림과 절망마저 사랑했지

한 줄기 꽃처럼 반짝이는 당신의 눈길
내 모든 마음 네게로 향해
요동치는 풍랑을 다스리고 있었지

겨울나무

금방 울 것 같은 눈 가진 겨울나무
맨 술 한 병 차고 병자처럼
웃어도 어여쁜 겨울나무

매운 청양고추 골라 입속에 넣으며
독한 정 잃지 말라며
너의 슬픔이 나의 아픔이라고 했지

겨울비 내리면 등 춥고 아프다면서
등 따습게 해주고 싶은 눈빛
미치게 타오르는 여름날 갯벌 같아서
잿빛 하늘, 매캐한 내음
매서운 찬바람마저
아름다울 수 있다고 했지

눈물 말라서 울 수 없고
바람 두려워 미리 흔들리며
드러내고픈 아픔 많아
내가 바로 상처 많은 겨울나무였구나
새벽 오는 시린 길목에서
몸서리치는 겨울나무

겨울나무 2

각질로 굳어져 간 침목
석류껍질 벌어지듯 쩌억, 빙판 위에
시린 이빨 허옇게 드러내며 떨었다

밤색에서 검정으로 염색한 나무
비, 눈으로 머리 감을 때마다
섬뜩한 부딪침에 먹물 흐르네
마음 가는대로 되는 것은 아니지만
이내 마음 자꾸 기울이면
자연스레 흐르다 멈추는 물결처럼
발돋움하는 뿌리의 기다림인 것을

바람이 사납게 빗질하던 날
신발 물어가 뜯어 논 개를 본다
연민인지 혹은 사랑인지 구별 안 될 때
기지개 펴며
넝마처럼 펄럭이는 그리움
창문 너머로 볼 수 있는 겨울나무

여름엔 북쪽으로 겨울철엔 남쪽으로
태양 따르며 날아간 기러기
한번 맺어지면 헤어지지 않으므로
지금 대숲 속 새파란 바람소리에
잇몸 뚫고 새하얀 이 돋아나고 있다

봄

그리운 봄날
다 먹고 버려진
꼬막 껍데기 같은 날
껍데기 귀퉁이에 붙은 살
우리의 모습일지 몰라
그리운 봄
새벽 진통 겪으며
벌써 우리에게 왔다

아버지의 칡

는개비에서 가랑비
국수가락만큼 굵어진 빗소리에게
마음 전부를 내어주자
왕성하게 번식중인 푸른곰팡이
강한 향을 품고 있으므로
지상 맴돌다 죽어가는 것들
축축한 나뭇가지 흔들며 지나가는 바람이였네

촘촘한 거미줄처럼 메마른 손가락으로
구겨지고 뒤틀린 삶 바로 세워보겠디고
눈빛, 손짓만으로 문득문득 가슴 적시는 애틋함에
칡잎처럼 소 발자국 닮은 아버지

형님 대신 군대 갔다가 구사일생으로 살아와
죽어도 군대 안 간다며 병역 기피자 된 아버지
실핏줄 터진 노을 벌긋벌긋 번져가며
익숙한 허기에 허파 뒤집히는 고통으로
엄마 몰래 헛간에 숨어 피눈물 흘리셨던 아버지

가죽만 씌운 석가의 고행자처럼
아름다운 소리 듣고 살아 유난히 귀 크며
현실을 초월한 허구의 글만 읽어 머리마저 크면서
허망한 생에 매달려 악착같이
뜬구름이라도 잡아 보려는 듯 눈이 큰 아버지
아버지의 담배 냄새, 칡꽃 냄새였다

닳고 해진 소맷자락에서 풍기던 막걸리 냄새 찾아
쭉 늘어져 있던 고흥 읍내 시장 골목골목을 도깨비처럼 찾아다니며
그립다고 말해버리면 그립다는 말에 갇혀 버릴까봐
어금니 사려 물며 애써 감춰둔 부채들
우르르 강줄기로 흘러 내린다

나에게 남은 고향의 상처들 깨어나기 시작하면
이른 아침 해장술 심부름으로
그 미웠던 해장술과 칡즙을 드리고 싶은 나의 아버지
지금도 이 골목 저 골목 아버지 찾아 헤맨다

매화나무

잔고 바닥난 빈 항아리 제 살 드러내고 있다

마지막 밑뿌리
파릇파릇하게 솟구쳐
자드락길 따라 화전 밭으로 간다

떠나옴이란 쓸쓸함 묻어나
조리에서 물 빠져 나가듯 조루루 빠져 나왔지만
너의 품은 아직도 내가 틀었던 둥지
내 탯자리였으므로

꿈은 꿀수록 아름다워진다기에
슬픔을 따사로운 눈물로 가득 채워
향기 강한 바람이 만들어준 아이 갖고 싶다고
가슴에 옹이 박히도록 빌었더니
배냇저고리 입은 매화 묘목으로
은밀하게 이어준 끈이였나봐

기다림 안에 움직임 있어야 하잖아
머리만 살고 가슴 없는 먹물은 싫어

그래그래, 들썽거림은 우주의 들썽거림이야

나그네 밤 길 더듬어 오면
는개비와 버무려 꽃등 켜 달아야지

살쾡이

두 새끼 데리고 앞만 보며
살던 살쾡이에게
두개의 바람이 왔다
민초의 바람
허물 벗고 싶어 몸부림친 통일의 바람

그 살쾡이 새끼 둘 거두기 위해
누굴 만나도 눈길 맞추지 않고
맹목적인 소음에도 귀 기울이지 않으며
그렇게 긴다 등에 생긴 멍이
늘 날카롭기만 했다

그러던 어느 날
푸르른 실록들 어깨동무 하던 날
분에 넘치게
바람 바람이 왔다

바람 하나는 등 뒤에 솟은 뿔
사포질 하여 피에타를 만들고
다른 바람은

가여운 이 한반도 땅 위에
두 조각 난 다리 이어줄 혼 심어주었네

억척스럽게 헤쳐 온 살쾡이
20년 세월 고맙기도 하지
앞만 보며 새끼 지켜냈더니
희로애락 중 으뜸인 삶
영혼에 혼 심는 삶
남과 북이 하나 되는 삶

지치고 먼 길 돌아올 나그네들 위해
도란도란 등불 켜 달아
너른 품 연 살쾡이
남도의 어미, 누이다

녹 꽃

기름기 빠져나간 푸석푸석한 얼굴 하나
얼어버린 행주 같은 얼굴을 녹이러
당신에게로 간다

흰색 좋아한 당신
수년전 해 넣은 이 아프다며
쓰다듬던 애견도 당신 닮아
이 빠져 늙었다고
미소 짓는 그 얼굴에 저승꽃 피어나
열꽃 핀 내 얼굴 덮어주자
창문 넘어 눈은 계속 내린다

무밥, 고구마밥 지어주며 동무들에게 말하지 말라던
당신에세선 늘 바다의 비린내 물씬 풍기며
몸속에 푸른 해초즙 가득 찼다고 생각한 그 시절
육남매 위해 홀로 사슴섬 건너 선창가에서
벌건 쇠똥으로 가득찬 배에 매달려
녹 덩어리 긁어내던 당신

그 작은 몸피로
차가운 것일수록 세심한 배려 필요하듯
파도가 만든 녹 덩어리 어름 가르듯
일격에 금 가르며 살짝 긁어내야 한다면서
녹이 떨어져 나간 배
심한 피부병 앓고 있는 괴물이었다고

억눌린 내 열정 녹꽃으로 위장해
중세시대의 희귀병인 성자병일지도 모른다

녹꽃으로 피운 시린 발자국 소리
초록빛으로 만든 저승꽃으로
보랏빛 의자에 앉은 당신이 있었기에
열꽃 피어낼 수 있음이었네

소금산

한때
나의 손 마디마디 여린 상춧잎 같아서라
살다보니 발길질 하는 윗전들
저승사자의 얼굴 목소리들
주먹질하는 애송이들의 갑질 속에서
틈바귀에 낀 톱니처럼
자전거 체인처럼
밥그릇에 목매달고서
자존감 유치함 치졸스러움마저
질끈 눈감고 귀 막고 입 닫고
보낸 세월
내년 4월 1일이 십년
그 10년 채우면 시와 연애하라고
국민연금 매달
나온다고 하니
꾹 참고 버티어 볼일이다

그 찬란한 오월만 되면
소여물 먹듯이
되새김질만 하던 그 날갯짓

재대로 한번 날아볼거나

비열함 감춘 눈빛들
사라져주길 바라던 눈빛들
비웃음으로 절여진 입매들에게
보란 듯이 소금산에 올라가 볼거나

닳고 닳아서
시리고 쓰라린
손가락 속에 묻혀버린 손톱 끝
살들에게 위로하며
여러 날 동안 손톱이나 잘 자라게 할 거나

그러나
지금 열손가락
소금산 그리며
절절히 춤추고 있어라

밥 한 그릇

저승사자의 목소리
잊을 만하면 들린다

어느 날 갑자기
아무 잘못한 일 없이
입사 얼마 안 된
열두 살 어린 후배에게
빼앗겨 버린 밥그릇

수 없었을 감언이설
속삭임으로
준비했을 걸
잘 알면서도
난
한 마디도 못하고
갑질이란 이데올로기 속에서
솜방망이 되어가는 을의 육신이여

그렇다
오늘하루 갑질 당한 을이

빼앗겨버린 밥 한 그릇에게
목청 높여
노래한 하루였네

제 2 부

봄바람

봄바람
그 봄바람 온다기에
한강다리 건너고보니

온 세상 용트림으로
한 목소리 되어
"중학생 수학여행 기차타고 백두산 가고 싶어요"
함성
그 함성 하나였다

고사리 손으로
청아한 마음 열어
한민족역사 바로알기
우리의 소워 통일
수천 날 밤 빌고 빌어
드디어
조국은 하나였다

그래그래
어서가자

철마야 어서가자
긴 어둠 뚫고
희망
또 다른 희망 낳으러 가자
희망이 희망을 품고 오지 않느냐

금강산 칠보산 백두산
간절히 우릴 부르지 않느냐

철마야 어서가자
우선 우리부터 가고보자
봄바람으로
손짓하는 형제들 만나러가자

노을

꼭지 하얗게 부서진 잔파도 거느리며
그대 놀고 있어야 하는데

어렵게 사는 당신, 국물 한 그릇

해 지려는 순간 눈부셔
당신 얼굴 빨간 미소
그냥, 그대로, 그 자리에 있어야 하는데

외로운 갯벌에서
벌겋게 타고 있는 그대

사슴꽃

두 번 바뀐 강산
젖은 정 그리워
사슴심*에서
사슴꽃 날아와
녹두밭에 앉았네

놀란 눈망울
천창을 쓸고 보니
창문 두드린 새벽이네

*사슴섬 : 전남 고흥군 도양읍 소록도

봄날, 그 감나무

연초록빛 풍선 툭 터져
푸른 물 쏟을 것 같은 긴장감으로
가르마 탄 채소밭 둔덕을 본다

나무 중 가장 늦게 잎사귀 내민 감나무
어미 자궁에서 막 나온 강아지 새끼처럼
눈뜨지 못한 채 꼬불꼬불 겹쳐져
축축하고 비릿하게 잎을 내민다

각질은 굳어져 검고 축축한 나무 한 그루에서
이렇게 많은 잎사귀가 숨어 있었다니
내가 떠나온 생의 근원이 너였구나
어서, 불길 만나러 가자구나

꼽추 물고기

쌀뜨물처럼 부서진 파도
묶여 있던 배들
서로 어깨 들썩이며
뿌리째 흔들리고 있다

등뼈 절로 굽어진 얼굴에
소금꽃 핀 꼽추물고기
삭막하고 끈질긴 생명력으로
'솥바닥 긁는다*'는 기억을 되살려낸다

먹물 묵혔던 애정 영원하길 빌며
입묵入墨**으로 아픔 참으며
마조히즘 미학에 몰입했던
조선의 요화 어우동
팔뚝에 숱한 간부姦夫
이름 6개 입묵했다고 하니
수줍음으로 무늬 되던 몸에
독기 새록새록 피었다가
야성으로 굳어져 간 꼽추 물고기

* 솥바닥 긁는다: 사랑한다는 말의 은어
** 입묵入墨: 먹물로 살 속에 글씨니 그림을 새겨 넣음

아버지

왼손엔 새끼줄에 꿴 연탄 한 장 들고
오른손엔 지푸라기에 묶인 간갈치 몇 마리
어깨 뒤에 걸고
갈바람에 흔들리는 억새풀처럼 걸어가던 당신
탁배기 한 사발에 태양이 웃던 해거름
아 아 그것은 영원히 지워지지 않는 그림
온몸으로 쓴 당신의 시입니다.

외갓집에서

눈깔사탕 빨며 외갓집 가던 날
차창 밖을 보면
차는 그대로 멈추어 있고
먼지 속 질주하는 건 가로수였지

그 어지럼증, 길 잃을까봐,
아이들 간 빼 먹는다던
문둥이 아저씨 만날까봐
식은땀 흘렀지

외갓집은 안동 김씨 종갓집
딸 아홉 명, 딸 부잣집

접실의 서출 두 아들 밥상까지
다섯 상 차리고
접시꽃처럼 웃던 외할머니

이제 외갓집에 가면
익모초 되어 사시다 간
외할머니는 없다

마당 한편엔
접시꽃만 창백하게 피어 있고
아무도 몰래 조막손에 끼워 주던 은가락지만
내 엄지손가락에서 웃고 있다

그리운 섬

갯돌 제 몸 부딪쳐
청아한 소리 내면
파도는 비를 먹고
바람은 파도꽃 먹으며
쪽빛 가슴 열어 일렁인다
파도가 바다로부터 달아날 수 없고
바다가 섬으로부터 달아날 수 없듯이
나 또한 파도 되어
흰 눈처럼
소금꽃 피우며
그리운 섬에 왔다

눈

문익점이 앉아서
꼭 쥔 붓 한 자루로
산 능선 그으며
박꽃으로 낙하 한다

하얀 그림자 된 카미유 클로델
암벽 위에 새긴 베일 쓰고
눈꽃으로 불빛으로
지고지순한 백목련 낙하 한다

만월

파도는 월식날
만월을 사랑했다네

눈부신 그리움으로
생명수 따르며
걸어온 만월

음
바람이 참 좋다
전생에도 걸었을 이 길

3월의 바람

바람 불 때마다 허공 가르던 눈발
창틀 훌쩍 넘어와 방바닥으로 떨어져
점점이 물방울 만들고
몇 방울씩 모여 그리스 지도 그리더니
쏟아낸 눈물의 흔적으로 보이더니
그 겨울은 갔나 보다

마른 풀 더미 헤치고 촉 틔운 마늘꽃
노란 줄기는 병아리의 뾰족한 부리 닮았고
수면 차고 오른 눈부시게 흰 빛깔인 새들
3월은 마음 움직이게 하는 달인가보다

연못에 물 고이고 개구리 울며
암소가 송아지 낳는 달
사소한 바람에 몸 떠는 여린 싹
움튼 벚나무 가지에 봄물
팽팽하게 차오른 걸 보며
상큼한 풀냄새 바다를 건너와
3월의 바람과 4월의 비
5월에 꽃피울 전설을 믿는 나

새하얀 눈 뜬 장님 되어
사방의 흰 벽돌들 손 짚어가며
시방 이 봄을 견뎌내고 있다

꽃심을 찾아서

잔설 남아있는 팔봉산에 간다
마른버짐 번진 사내아이 머리 모양에서
노적봉, 탄금봉, 선녀봉 따라
목쉰 화물차 서도역*을 멈추지 않고 달리네

시비 앞에서 마주선 당신 악수 청하며
사시 육육천 마디마디 바람 들어차
해묵은 장승 되어 때때로 엎드려 눈물 흘리며
쓰지 않고 사는 사람은 얼마나 좋을까, 라고 말한 당신
서 있다가 떠 있다가 혼불 지펴
십칠 년 동안 써 내려간 꽃심
서리이고 홀로 보는 푸른 등불이었네

드디어 만이천여 장 워고 꽃비 내리던 날
한 장 한 장 솟구친 기상은 이 땅에 혼불 지펴
길이길이 꽃비로 날리었네
당신을 품고 돌아오는 길목에서
하늘 귀퉁이에 걸린 초승달 보며
찬 별빛마저 보이지 않는 나에게도
당신이여, 가냘픈 나에게도 꽃심을 주소서

* 서도역: 최명희 소설『혼불』배경이 된 전북 남원시 사매면에 위치한 간이역

귀동댁

귀동댁 나의 시할머니
음력 이월 열여드레 날
신명나게 문 두드리는 코끼리 포크레인 녀석

가벼워져야 서방님 곁으로 갈 수 있다기에
춥고 바람 많은 집에서 구년을 보내고
울타리 든든한 큰 집으로 이사 간다

유복녀로 태어나 열네 살에 시집 와
큰 아들 종가 큰댁으로 양사 보내고
살다 이별한지 이십 년 만에
신바람 난 귀동댁
손부가 좌향 맞추고 입관하고자
몸 닦아 위로하니
분명 귀동댁 덩실덩실 춤추시겠지

연애하고 싶은 당신

봄기운 얼음 녹이고
얼음 또한 봄기운 꺼버리면
짤랑대는 얼음 소리 질투의 소리
눈물시리도록 당신 그리워
당신에게 관통되고 싶어서
독사 혓바닥으로
쉬어가라고 당신을 유혹하고 싶어요
영영 싹 틔우지 못할 열정일지라도
넋이 내게로 전이되었으면 해요

당신의 꿈 성직자였으며
탄광촌에서 가장 가난하고 남루한
사랑법이었지만
상처 깊어 방황하다
병든 매춘부 사생아를 거두며 살던 당신
결국 위선적인 사랑으로
상처와 싸우며 살아야 했던 당신

위대한 화가 빈센트 반 고흐가 꿈꿀 수 있었던 길
삶에 대한 가능성 모조리 태워버렸던 곳

기차가 점으로 소멸되어 가던 곳
햇빛 한 점 들지 않은 손바닥만 한 작업실에서
버터 바르지 못한 검은 빵, 설탕 없는 커피로 연명하며
안락의자에 몸 맡긴 채
이곳에서 머무르기보다 저곳으로 자신을 데려갈
기차표를 원했던 당신

태양을 너무나 좋아해
영혼의 향기로 덧칠할수록 혹독한 삶이였기에
손가락에 새겨진 광기어린 시문들
심장마저도 아물지 못한 천재적인 당신
그 모든 예술가들
불행하게 살았다는 게 이상한 일이지만
영원히 되풀이 되는 질문이기도 해요

죽어 묻혀버린 뒤
다음 세대에서
작품으로 말을 걸고 있을 때
난 지도에 표시된 곳으로 가네요
늙어서 평화롭게 죽는다면

저 별까지 걸어갈 수 있다는 뜻이겠죠
고통스러울수록 더 시를 써야하는 나
포기마다 허리 휘어지도록
알곡을 매달고 있는 풍성한
죽지마을* 앞 보리 핀 들녘에서
당신을 그리워하며
빈센트 반 고흐 당신과 연애하고 싶어요

*죽지마을: 전남 나주시 다시면 들녘에 있는 마을

펜혹 만들기

『장자』를 잘 읽는 시대일수록
나쁜 시대라고 하지 않았던가
하얀 벌레들 기어 다니는 책
긴장 때문에 불난 아지랑이처럼 하늘거릴 뿐
소리 내어 읽어보지만
소리는 달팽이관만 슬쩍 건드리고
총총한 발걸음 놀리면서 사라지기도 하며
때론 갑작스런 급제동 소리에
수 만 마리의 말벌들 귓속으로 파고 들어와
차고 희디흰 고독으로 가슴으로
밀려들기도 한다

육체의 언어들
칠판에서 배운 게 아니라
수줍음 많은 내 몸에 펜혹으로 만들고 싶어
내 안에 오래 살아 내가 되어버린 언어들
좀 더 절망하고 좀 더 진득하게 욕심 부리며
맨발로 걸어 깊은 밤 건너서
일일이 기억하지 못한 유년기에 주워들은 말들
사춘기 시절 골방에 뒹구는 오래된 책속에서

몇 개의 단어들
기억들이 녹아서
몇 편의 문장을 가슴에 품는다

껌딱지

살얼음판 위에서
여러 해
걷고 있을 때

갓 구어 낸 식빵처럼
뚝심 있게 핀 채송화처럼
고소한 내음으로
내게 다가와
늘 날 미소 짓게 하는
소중한 나의 껌딱지

10년 만에
유일하게 야구장에 데려가
목 터져라 응원하게 해주고
이곳저곳 챙겨주는 나의 버팀목
그대
세 아이의 어미 권은희

그리움

온 몸 먹물로 뒤집어 쓴 그대
워낭소리 내며
내 곁에 오지 못하고
서성거리고만 있어라

새로운 세상 되었건만

긴긴 기다림 품고
억압의 창살 안에서
민중의 노래만 하고 있어라

평등의 노래
부르다 부르다
피맺힘으로 잠긴 목소리
부르터진 입술에
한 맺힌 민중의 넋들이
먼저 나와 마중인사
건너고 있어라

그렇게
사월 오월 거침없이 달려만 가는데
그대 온다는 기별 없고
손꼽아 기다린 나날들
꽃잎 되어 바람에
날리고 있어라
날리고 있어라

사월의 어느날

둥지 근처에
출장 왔다는 걸 알면서도
갈 길 바쁜 큰아이

눈앞 지천에 두고도
보지 못한 어미의 마음
그래 갈 수 있을 때
백마처럼 힘차게
달려가렴 말하고 나니
서운한 마음
천리를 달아난
사월의 어느 날이었다

제 3 부

산으로 온 바다

뿌리 깊은 덫

금목서

금목서 2

화암골 헌화가

헛꽃

생의 풍경

방숙, 그 흔들림

사과꽃

그대

겨울아침

겨울 밤

풍경

고려장

고갱이

아스피린 두알

그 아빠

긴급 재난문자

산으로 온 바다

바람 불면 색깔에 몸 떠는 산
바람 불면 한 가지 색깔 생겨나는 바다
말없이 키다리 되어 기다리는 산
머리채 풀어헤치고 흔들리며 막힘없는 바다

밤이면 궁리하고 무서운 소리 내며
자고 있는 게 아니라 몸이나 생각을 키우고
몸 구석구석 모공 통해 숨 쉬는 산
커다란 허파를 통해 숨 쉬는 바다
허락한 시간에만 일할 수 있는 바다
한 번 손대면 끝없이 손 가야하는 바다의 일

산 너머 또 산 너머 산으로 온 바다
먼 곳에서 온 바다 지치고 목숨 위태로웠지만
한 삼년 가뭄 끝에 비 내리듯
메마른 미역 물 만나듯
늘 물 냄새 나는 바다
파도치는 바다
바닷가 비탈에 선 나무
바람에 시달려 키 클 시간 없어

옆으로만 가지 뻗어 함께 살지만
바닷가 사람들
한쪽으로 키나 몸이 커버린다고
물 귀해 늘 갈증에 시달린 운명이기에

흰 날개 사이로 눈 뜨고
마타리꽃*에 앉은 흰뱀눈나비
사향 내음 풍긴 사향나비 보면서
행복하다 말한 바다의 눈은
행복도 모양, 무게를 가지고 있다면
꼭 그런 눈빛일 거라고
물비린내 나는 바다, 바람 불고
파도치는 곳으로 돌아갈 물의 아들 바다

숲에선 늘 파도소리 났고
어느덧 가을 깊어져 몸살하는 산
붉고 노란 색깔등 진통 겪는다
그건 너무 아름다워 차라리 슬픔이다
산으로 온 바다의 아픔이다

* 마타리꽃: 한약 상인들은 패쟁이라 부르며 화상, 안질에 좋은 약,
소염에도 효과가 있다

뿌리 깊은 덫

기억이 녹슨 철근처럼 선명하지 않으면 좋겠다
녹슨 기억 가시 세우고 달려들면
말은 생각할 수도 없고
목 가닥가닥 휘어 잡혀지면서
이 끝에서 저 끝 꿰뚫어본 시선
욕망을 겨냥한 덫이었다

그 덫에 빠지지 않으려 몸부림쳐 보지만
오른쪽 귀퉁이 뭉개져 떠오른 달
창백한 낮빛으로 내려다보다가
밤새 부른 노래 어디론가 떠나지 못하고
이제 잠 자야할 새벽이 온다

물 위로 안개 되어 솟아오른 하늘
온 우주 우리의 중심을 돌고 돌아
작은 이슬방울 된 별들
뿌리 깊은 저 나무들 속으로
저 무덤 속에서 끝내
덫에 걸려 있었다

금목서

사랑은 가슴에 있는 것이 아니라
두 눈 속에 있었네

아름다운 웅변도 없이
두 눈을 매혹했고
가로막은 장애물
더 깊은 사랑 만든 동기 되어
큰 난관을 뛰어 넘게 한 향기였네
두려움에 갇혀 있던 리얼리티
흐르고 흘러서 하나 된 보름달

견고한 총알
포도주병에 묻으며
안전거리 유지한 금목서의 향기
깨달음으로 피어나네

금목서 2

잉크빛 남방 입은 남학생
무릎 사이에 책가방 끼우고
거꾸로 보던 연출은
미소년 되어
간절히 나를 부른다

달리고 달려간 그 자리에
그윽한 향기
미소 아름다운 금목서 있었네

그날 이후
사랑의 전쟁 시작되었으므로
헤라 여신에게 들킬까 봐
장미 안으며 달려온 길
눈부신 그리움의 길이었네

화암골 헌화가

기억 하나 복면을 하고 부스스 깨어난다

한 방울도 흘리지 않고
한 방울도 가볍게 여기지 않으면서
받아주며 간직한 노래
타오르는 불꽃으로 쓰러져
저 혼자 재 되기 전까지
집착에 썩어지도록 남은 세월 보내야한다

세상이 그어 놓은 질서이므로
점점이 작아져 가고 있는 임시 번호판 붙인 얼굴
그래, 누구나 슬픔의 힘으로 살아가지

미농지 빛으로 어둠 덮이기 시작할 때
헌화가의 수로부인 흰 소 타고 가면서
눈 뜨며 화강암 사이에 잎 틔우고
산과 바다 만난 곳으로
화수분 들고 따라오라 한다

헛꽃

오래전 아이 출산하며 생긴 흔적
철사 줄처럼 그어져 있는 아랫배를 홀로 숨어
지금도 그 상처 스스로 핥아야 한다

타박타박 느린 걸음으로 온 어느 오후
몸과 마음 충분히 갉아먹은 다음
배부른 듯 뒤뚱거리며 사라져간 헛꽃

선로 사이 침목처럼 이어가고 싶었을 뿐
떠나길 망설인 새 되기 싫어
녹슨 고철더미 달빛 속에 몸 비비고 있다

달차면 기울고 매 달 생리하듯
태풍으로 와서 홀연히 가버리면 남겨진 마음
쑥대밭이라는 걸 너도 잘 알거야

고운 눈에 헛꽃 피기 전에
신발 찾아 신고 열어두었던 쪽문으로
나가 발자국 찾아 헛꽃 피우며
헤맬지도 몰라

생의 풍경

초록빛 옷 한 벌 입고서야
초록이 맹목적이고 잔인한 색이라고 생각했다
안개비에 젖어 버려진 화투짝처럼 지부했으므로
휘적휘적 높은 곳 향해 오르고 또 오르면서
발바닥으로 굵고 잔 돌멩이들 크기까지
전달시킨 자갈밭을 걷는다

가난한 나는 많이 서 있고 걸어야 하듯
생의 한 순간
일 년, 십년을 산 것 같은 날들이 있다

선택해야 할 일 느리게 올 때도 있지만
거친 해일처럼 한꺼번에 밀려 올 때가 더 많으므로

풍경은 갈색톤
낮은 산들 어디를 가나 어깨를 마주하고
잊을 만하면 나타난 동네들
입구엔 어김없이 천년 살았을 느티나무
한 번도 제대로 된 직선을 만나지 못한 채
구불구불 이어진 고갯길, 기상을 자랑하는 소나무들
꿋꿋이 서 있는 생의 한 풍경이다

방죽, 그 흔들림

바람 불면 물결은 머리와 등허리에
거품을 짊어진 채
누에가 된 방죽, 그 흔들림

마취 주사 맞히고 간 바람에
설탕 녹아드는 의식으로
들숨날숨 쉬며 다시 바람을 부르다
여기저기 구멍 숭숭 뚫려
무시로 들랑거린 상실감으로
아랫배 아플 땐
연밥 달인 물 마시고
쥐며느리처럼 몸 접고 있다가
우렁이 나선의 밑, 검푸른 기운을 마시고 나서야
서운한 감정들 두꺼운 아침 햇살 앞에
묽어지며 사라지는 안개로 변했다

지는 꽃잎 아름답게 보이는 건 나무와 이별하기 때문
다시 방죽은 포도 내음 풍기며
온 몸에 줄기와 연잎, 꽃 피워 열매 맺으면서
머릿속 이스트 잔뜩 넣어 부풀었다 물러나고

방죽 옆 둔덕 목련나무 잎사귀 미륵부처 얼굴이다
미소 번진 나르시스 우담바라*를 들고 있네

* 우담바라: 〈법화경〉에 나오는 상상속의 꽃.

사과꽃

짙푸른 호수에 오선 타고
날아 앉은 음표들
커튼 사이로 풍긴 그대 미소
비로소 그 향기 진함을 알았고
환한 햇살 부서진 날
시린 물빛 그리움으로
헹구고 또 헹구어서
눈물꽃으로 피어난 그대 모습
그러나 내 가슴 속엔 아직도 맴돌다
사라져 간 방울소리
그, 소리 철렁이며
서글프게 멀어져 간다

그대

그대는 눈물입니다.
그대를 사랑한다는 것은 이유가 없습니다
그대를 그리워한다는 것은 만나야 하기 때문입니다
그대와 나의 만남은 필연입니다
조건이 없기에 우리는 천상의 별이요 이슬입니다
그대와의 만남은 눈이고 비입니다
그대와의 만남은 산이고 강입니다
우리의 만남은 환희이며 희망입니다
우리의 그리움을 막지 마세요
우리의 기다림을 시기하지 마세요
그대와의 만남은 꽃심이요 꽃비입니다
그대와의 만남은 묵은 가지에 매달린 은방울 봄비입니다
그대와의 만남은 한 많은 잡초의 꿈입니다
나의 시에는 눈물 젖지 않은 곳이 없습니다

겨울아침

치통으로 시달린 겨울아침
베란다 앞 아기사과 나무 위에
산비둘기 한 쌍 날아와
아기사과를 쪼아 먹기 시작 했죠
얼마나 먹성 좋은지
금방 먹어치우고 서로 입맞춤 하는 것이에요
그때, 핸드폰이 울리더라고요
문자 메시지 확인하고
손이 축축해지기도 전에
산비둘기 한 쌍 날아가 버리고
찬바람
박하사탕 되어 내 뺨을 때리자
치통이 나아버린 겨울아침이었어요

겨울 밤

매섭게 뺨 때리는 찬바람
가난한 외투마저 벗겨가려는 거리에서
사금파리 뿌려진 야경은 오랫동안 말이 없고
희뿌연 보름달 주름 잡으면서
팥알만 한 전구 뒤집어 쓴
가로수 황금빛으로 밤을 지키네

파란 감자 아린 침묵 덩어리
사박스럽게 가슴 훑고 지나갈 때
그림자 흔들리는 등황빛 포장마차에서
외로워서 배배 꼬였다는 라면
그 달걀도둑 그리고 새조개를 시켰더니
새조개 안에 참새 앉아 있네!

허공에 찍힌 참새 발자국 찾아
여러 날 헤매였는데
저것 봐, 영락없는 참새야!
진실은 미로 찾기라니까
진실은 쇠못 잔뜩 박혀진 장애물이라니까

거 봐!
참새는 세상이 시끄러워
휴식이 필요했던 거야!

풍경

나의 고향은 전남 고흥 읍내
40년 전통을 자랑하는 소머리 국밥집
공생집은 초등학교 3학년 남자 짝꿍집이다
유일하게 나에게 모든 걸 져주었던 공민식이네 집
그곳에서
소머리 국밥을 먹고
어물전 귀퉁이 돌아
45년 만에 어린 날 친구들을 만났다
생선가게는 혜숙이네 가게 건너
야채가게는 순옥이 엄마네 가게
다시 귀퉁이를 돌아가면
고흥극장 옛 건물 아래
나의 본적 628번지 그 옷가게
유년시절 나의 집이였다

봉황천이 흐르는 정자 옆
읍내의 모든 비밀을 알고 있으면서
800년 나이 먹은 느티나무 아래서
어린 날 나의 소꿉놀이 신랑 이수호
미술학원 하는 아내 홀로 두고서

잠자듯이 저세상 갔다는 이야기
늘 조용하기만 한 혜영이
자식 셋을 떼어두고서
비구니 되었다는 이야기
도란도란 실타래처럼
우리들의 인생
저리 흐르고 흐르는 봉황천처럼
흘러가겠지

고려장

874개 중 하나로 선택되어
나에게 온 너
22년 동안 그 자리에 있던 너
오며가며 마주했던 너
너 안에 날 심고 피어냈던 날들

충직하게 날 기다리며
점점이 번져갔던 검버섯 자국들
함께 늙어가던 널 파헤쳐
추운 거리 길모퉁이에
널 버리고 돌아왔다

퉁퉁 부은 얼굴 보여주면
함께 걱정하고 찌푸리던 너

슬픔에 못 이겨
설움 토해내면
함께 소리죽여 울어주던 너

예쁜 눈 별 쏟아지게 하며
맑은 영혼으로 물들여 주던 넌
나의 둥지 안 욕실 거울
긴 세월 우리 잘 살았지

고갱이*

하늘 아래 햇볕 먹고 비 마시며
순결하게 자라던 생나무

토막토막 잘리어 시궁창에 박히어
석삼년 남모르게 썩으며, 삭히며
진부한 인습, 억울한 관념 뒤틀려
응어리진 진액 마지막까지 토해내며
천행으로 살아 심지 박힌 옆구리이다

투명해질 수만 있다면
세월 잊어버리고 물에 잠기어
말갛게 씻어도 씻기지 않아
시궁창 물에 멍든 몸빛으로 남았네

서러운 세월 갚아주듯 땡볕에 말리지 않고
조금 더 슬프라고 매달아 둔 처마 밑
안 변해야할 것은 그늘에 말려야 하기에
달래면서 말린 나무는
바람 되어 깎이는 대로 드러내 아로새긴 그림일세

살 속 갈피마다 머금은 나뭇결
종이 같이 가볍고 돌보다 단단하여
수천 년 지나도 썩지 않는 고갱이
그 몸에 새긴 무늬 새로운 풍경이루며
썩어도 썩지 않는 그대 되었네

*고갱이 : 초목의 줄기 속에 있는 연한 심, 알짜가 되는 속내

아스피린 두 알

바다위에
붉고 붉은 꽃송이들
널브러져 서럽게 서럽게 울고 있었다

내 몸 역시
역류하며 금방이라도
붉은 피를 분출할 것처럼
목이 아프면서
일주일 동안 목소리마저 나오지 않았으며
밤마다 가위눌림으로
피멍울 솟아오른다

싱그럽지만 않은 사실에
영혼으로 치장한 세상에도
아스피린 두알이
예전에도 있었고
지금 또 있음을 알았다

날마다 텃밭에선
아스피린 두 알의 존재들

어깨에 힘주고
팔자걸음으로 득실거리며

온 몸으로 흘린
피땀 빨아먹는 아스피린 두 알
노동의 현장 중간관리자들

일제강점기 일본 순사 앞잡이처럼
영혼을 팔아 보이지 않은 채찍으로
숭고한 피땀을 쥐어짜고
윗전에겐 살살거리는 족속들로부터
오늘 또 난
온몸 난도질당하며
널브러진 손가락 열개
만신창이 된 얼굴
독한 현장 온도 때문에
두 눈속에 핏줄이 선명하게 자리 잡고 앉은
지옥
가혹한 지옥이었던 오늘

그 아빠

이른 아침이면
텃밭으로 가는 길목에
아이 손 꼭 잡은 아빠
몇 년 째 텃밭 근처 신호등 건너
어린이집으로
초등학교로 함께 가는 아빠가 있었다.

늘 단정하고 몸짱에 예의바른 그 아빠
어느 날 나의 텃밭으로 와서
환하게 웃으며 공손히 인사를 했다

교대근무 하면서 꾸준히 공부하여
전기기사 자격증을 취득하여
나의 입사 첫 근무소속으로
근무하게 되었다며
내가 처음 입사 했을 때처럼
어설프게 연장통 차고서

환하게 웃으며 말한
그 아빠의 치아가 시원스러웠다

덩달아 나도 환하게 웃었다

참 삶이 귀하고
사랑스런 삶이다 그 아빠

긴급 재난 문자

텃밭 온도 37도
온 몸으로
맞장 뜨고 있다

지금
종일 염장질 된 겨드랑이
붉고 붉은 상사화 꽃잎이다

시리고 따갑게 흐르는 땀방울 먹고
부어오른 복어 볼처럼
여기저기 질기고 독함으로
날 세우며
숫돌 위에서
조선의 낫을 갈고 있어라

제 4 부

작은 새

이른 새벽 눈뜬 작은 새
날갯죽지 아픔 이기며
느리게 느리게 퍼덕이며 산에 오르네

텃밭 곳곳을 누비며
먹이 찾아
수천수만 번의 날갯짓 위해
아픔 이기며 산에 오르네

요즘 자꾸만 사라져 가는 텃밭 식구들 많아져
더 많은 날갯짓해야 함으로
노란 입 벌리고 있을 새끼들마저 생각나니
퍼덕 퍼덕이며 산에 오르네

유난히 오른쪽 날개 더 아프다네
당연히 당연하다는 걸 잘 알면서도
지금 작은 새
날갯죽지 많이 아프다네

흰 꽃이 달린다

흰 꽃이 달린다
땀방울 범벅으로 핀 목화솜 날리며
알싸한 빅하시탕 바람 맞으면서
구내식당으로 달린다

굵은 땀방울 훔치며
덜 놓은 눈길위에
힘차게 자전거 페달 밟으면서
남도의 아낙네들 달린다

제 새끼 입속으로
먹이 들어갈 생각만 하며
배고픈 쥐어짜며
앞만 보며 날린 흰 꽃들
오늘도 달리고 달린다

어느 식사

젓가락 집을 힘마저 없이
모래알 씹듯 시리게 씹는다
결코 쉽지 않은 3교대반 일
밤낮이 바뀌어 시간만 나면
잠을 자도자도 끝없이 온다는 그녀들

누렇게 뜬 상춧잎 같은 추레한 모습으로
일하기 위해 간신히
모래알을 밥알을 목구멍으로 넘긴다

폭염주의보와 맞장 뜨고서
벌컥벌컥 찬물 들이키며
8시간 동안 2리터 3리터 물 부족하다며
물병을 분신처럼 달고 다니는 우리들
독하디 독한 커피를 진하게
여러 잔 마셔야 하는 우리들

깊은 한숨 몰아 쉬어가며 씹는다
새끼들 때문에 먹는다는 그녀의 말
곤궁한 그녀의 등만 보고 있는 나

어부의 아들

나이 오십 넘어서
부하 직원들에게
행복 주는 법 알았다
지극히 단순함으로
내가 바르면 된다고
최고의 명문대학교 출신으로
방직공장 기계공 보조부터 시작하여
천명 넘는 수장되기까지
32년 걸렸다
단 하루도 거르지 않고
식사 전 기도를 하며
혼자선 벅차기에
혼자선 나약하기에
신의 도움을 간절히 구한다고
이 수많은 직원과 직원의 가족들에게
안전과 평화를 위해
바다처럼 넓고 깊은 가슴으로

남도의 멋진 어부의 아들
어부의 아들도 월급쟁이
나도 월급쟁이

미숙 언니!

미숙 언니! 부르면
목화솜 뭉실뭉실 피어올라
온 얼굴 웃음꽃 만발한다
미숙 언니! 부르면
무엇이든 해주고 싶어져
거절 못한 나
미숙 언니! 부르면
주머닛돈 털어 자판기 커피 음료수
사주고 싶어지는 나
막걸리 삼겹살도 사주고 싶어진다
미숙 언니! 부르면
빈털터리 되더라도 사주고 싶어진다
거절 못하는 바보 멍텅구리
미숙 언니 되고 만다

오월의 어느 날

그 밤 굳게 닫힌 공장 철문에서
낮 동안 지뢰밭 지나온
서글픈 그 남자가 보인다

쌀 몇 가마 되는 운반차 밀면서
깡 박힌 손으로 이마의 땀 훔치며
깊은 숨 몰아쉬던 야윈 얼굴
판화칼로 그은 듯한 굵은 주름살의 그 남자

검지와 중지 사이 담배 끼우고
힘들어도 아파도 안 아픈 척해야 한다며
서른 살 되기 전
어서 이 공단을 벗어나야 한다며
저사식 없어도, 술 안 마셔도
하루 최저 임금으로
작년보다 올해가 더 힘들고 내년이 더 힘들어
희망이 보이지 않는다고
담배 연기 뿜으며 말한 그 남자

이백 원 자판기 커피 한잔도
못 빼먹던 그 남자들
지금도 다람쥐 쳇바퀴 돌듯
그렇게 세월을 죽이고 있겠지

소금꽃

날마다 무등산 바라본
높은 담장 안
우리의 텃밭에서
생의 노래
질퍽하게 이어지고 있어라

8시간 어서어서 지나가길 기다리며
앞만 보고
고개만 숙이고
다람쥐 쳇바퀴 돌고 돌아
굳은살 박인 발바닥으로
굳은살 박인 손바닥으로
굵은 땀방울 흐르고 흘러
겨드랑이마저 짓물리고 나서야
소금꽃으로 피어났네

사지육신 뼈마디 마디에서
진액까지 쏟아내고서야
담장 밖으로 밖으로
탈출한 우리들

이 땅의 자랑스러운 어미라네

어찌 생이 늘 아름답기만 하겠는가
이 수많은 어미들
비슷비슷한 삶을 함께 노래하기에
어미에게
자식이 신이요 신앙이기에
온 몸으로
뼈 녹아 흘러흘러 핀
소금꽃

등에 핀 꽃 2

늘 돌아가기 위해 머물던 곳
팔 벌려 서까래 되고 처마가 되었던 곳
그 방은 황야의 성사丁字의 벽
문 없이 늘 바람의 서걱거림이 있던 곳
선천적으로 고독을 좋아해 늘
강렬한 스핑크스처럼 우릴 점화시켰지

언제든 떠날 준비 되어 있는 모습에
두렵고 영영 돌아오질 않을 것 같았지

누군들 자기 등을 제대로 볼 수 있겠는가
몸무게의 70%를 버티는 등
제대로 돌아보거나 가꾸어 질 수 없는 등의 천형
중심에 우뚝 선 등뼈의 비애는 등에 핀 꽃이다

유령난초*

자판기 앞에서 홀짝홀짝 커피 마시는 김씨
벌레 먹은 뽕잎처럼 처량해 보인다
퇴직금 1억 2천만 원 주식에 날려버리고
집 나와 노숙자 되었다는 그는
자본시장이라는 미명 아래 밟히고 밟히면서
끈질기게 달려들어 결국 상처만 입은 개미 같은 김씨
오랜 노숙 생활에 꾀죄죄한 얼굴로 눈만 끔벅거리는 몰골에서
힘없고 가엾었던 아버지 모습이 떠올랐다

팔 걸 팔 걸 아쉬워서 못 팔았더니 죽은 애인 젖가슴 만지는 것이었다고,
바닥권에서 사고, 최고가에 팔아야 했다고
계란은 한 바구니에 담지 말아야 했고, 약세시장에서는 쉬는 게 투자라고,
뜨거운 것을 빨리 놓고, 밀짚모자는 겨울에 사고, 소문에 사고
마음 비우고 매매 원칙을 지켜야 했다고
안개 속을 기어 다니는 카멜레온 같은 주식시장 무너져 내렸다고

돈에도 눈이 있어 생각할 만큼 생각했다는 그의 눈에서
문득 유령난초가 보였다

우리도 유령난초를 품고 사는지 몰라

* 유령난초: 인디언들이 달콤한 천사라고 부르는 마약

소금꽃 2

이른 아침이면
떼쓰는 두 아이 어린이집에 떼어 두고
꽃잎 같은 나이에 몸담았던
소금밭으로 출근하는 워킹 맘 그녀
꽃다운 나이 17세에 입사하여
야간 고등학교 다니며 일한 소금밭
31살에 아이 엄마 되어
37살에 다시 돌아온 소금밭
어여쁜 자식 잘 키우고 싶어 돌아왔단다

수시로 아픈 두 아이 떼어 두고 돌아서려면
발길 떨어지지 않아 두 눈이
빨갛게 물들인다고
어린이집 선생님 면담 시간에
갓 첫돌 지난 아이 맡겨서인지
눈물만 솟구친다고
맺힌 눈물 때문에 앞이 보이지 않고
목이 매여 소리마저 안 나온다고
말한 워킹 맘 그녀
입술 부르트고 코 짓무르려도

퇴근 후 두 아이 데리러 가는 그녀
뒷모습 깃털처럼 가볍다

애들 재롱 보면 정신이 아찔해지고
행복하며 미치게 좋단다
용솟음친다는 워킹 맘 그녀
지금도 소금꽃 되어 빛나고 있다

거울 속 진실

빛을 일으켜 세우고
합금해 뒤쪽에 발라
현상을 가두어 비추는 독, 중독
그 비극적인 친밀성으로
거울 속 수경 재배되는 수많은 씨앗들 속에
갇혀있는 여자들

원을 허공에 매달아버린 중심 속 시간
중심은 원 속에 갇혀 원을 버리고
밖으로 나갈 수 있을까
거울 밖으로 나갈 줄 모른 나는
차라리 산산이 깨어지는 나를 본다

지금 내 눈은 뜨겁고 쓰라린 소금밭이다
짠 눈을 잘 감아야 사랑할 수 있는데
진실은 바닥 밑에 있고
발길 닿은 곳에 있기도 하지만
부풀어 오른 거짓으로 가득 찬 말에
모래 알갱이만한 진실조차도 가려낼 수 없구나
진실 찾지 마!

진실하려면 아무것도 하지 말아야 해!

다시 화장을 고칠 때 표정
독을 마시고 죽어가는 사랑이야
생의 가시 울타리
그곳이 거울 속이라니
서로 모르는 벽에 붙어있는 우리
두 개의 거울일 뿐이고
나는 너를 모르고 너는 나를 모른다

거울이 거울을 볼 때
한 덩어리의 미분화 된 혹성이
운행 속에서 달이 되었다

느낌

아침마다
텃밭 가기 전
머리감을 때마다
'보리피리'의 한하운
그 애잔한 시인이 떠오른다

거품으로 낸 머리카락 사이에
나의 손가락 끈적일 때마다
기분 나쁜 이 느낌

손톱이 닳아져 없어서인지

단잠

교대근무 해보지 않은 이 모른다
단잠을 청할 수 없는 지옥을
잠 자기위해
별 별짓 다 해봐도 오지 않는 잠
양 세 마리를 수천 번 세어보고
환한 세상 검은 커튼으로 가려도 보고
이불 뒤집어써도 오지 않는 단잠과의 전쟁

밤 근무 위해
째깍째깍! 시계 초침소리에
앉으나 누우나 환청으로
심장 박동소리에 두근거리는 가슴 부여안고
일하기 위해 잠과 사투하는 우리들
가고 싶은 곳
친구 가족행사마저 등 뒤에 두고 돌아와
펑펑 울다 수천 번 시계보다 출근하면
또다시
옆 사람 볼 여유 없이
앞으로만 향한 우리들
표준작업이란 올가미로

노동착취 당해도 잘릴까 봐
말 한 마디 못하고
이 눈치 저 눈치 보다가
숨죽이고 숨죽이며
모질게 이겨내어 살아내고 있는
텃밭 노동의 현장
겪어보지 않은 자
생각해 보지 않은 자
당해보지 않은 자
절대 모른다

염병하고 있네 !
왜? 빨리 빨리 안 해!?
오늘 다 마무리 할 때까지 집에 가지 마!
독사눈으로 말하는 선임
심장마저 얼어붙어서
오금 절이며
지금도
고개만 처박고 눈도 못 맞추고 있다

희망의 끈

한 오라기 희망의 끈 놓지 말기를
다복다복 다독이는 소금밭
최저임금 인상으로
싹둑싹둑 잘려나간
텃밭 식구들
잠자고 나면
며칠 지나고 나면 그 다정다감하고 정스러웠던 동료들
수백 명 싹둑싹둑 무 잘리듯 소리 소문 없이 사라진 지
벌써 두 달

치욕스럽게 비겁하고 용기 없는 나
악착같이 살아내고 있는 내가
밉기도 하고 애처롭기도 하다
그러나
늘 품고 품었던 희망의 끈 놓지 않으며
질기게 모질게
꽉 잡은 희망의 끈
다시 꽉 잡고만 오늘이다

익모초

한살 많은 유일한 입사동기 그녀
자식이 세 명이다

늘 환한 미소 친절하고 마른 그녀
올 봄부터 갑자기 입맛이 뚝 떨어져
몸무게 4k 줄고
귀에서 환청까지 들리면서부터 더 불안하여
두근거림으로 잠을 잘 수 없다고
텃밭으로 들어가기 무섭다고
7월에 퇴사했다

사실 텃밭엔 소음이 심하여 귀마개 하지 않음
들어가 작업할 수 없는 환경이기에
나도 입사하여 가슴 울렁거림
그리고 심한두통으로 시달리던 시절
귀마개를 잘하고 나아지기도 했다

3개월 지나 재입사한 그녀
일하지 않고 쉬자니 돈이 아쉬워
점점이 곤궁해지는 자신이 초라해지고

외톨이 같은 생활마저 무기력해지면서
돈이 있어야 흥이 나더란다

재입사 딱지 붙이고 입사한 그녀
선입들 갑질 두려워
이 눈치 저 눈치 보다가
밤잠 설쳐가며 생각 끝에
재입사 신고식으로 전체 동려들에게
음료수 돌린 통 큰 그녀

재입사 일주일째 되던 날
기계 사이에 손가락 끼어서
오른쪽 엄지손가락 휘어져 바로 세운다고
여러 번 수술하고 장기 입원중이다
난 지금 아프다
아주 많이 입사동기 익모초 생각으로

나의 텃발

곳곳이 지뢰밭이요

고개 쳐들고
달려드는 송곳들이다

해설

정 훈(문학평론가)

해설

헛꽃의 사랑과 자유를 위한 엘레지

– 정미숙의 시 세계

정 훈(문학평론가)

열정으로 삶을 불태우는 이에게 세계는 거대한 용광로이자 찬란한 바다이다. 모든 것이 식을 줄 모르는 생명체의 용트림이기에 그렇고, 또한 언제든 제 나름의 빛깔로 세상을 물들이기에 뜨거우면서도 찬연하기 때문이다. 때로는 사라져간 것들에 대한 애상으로 괴로워하다가도, 굳건하고 한결 같이 제자리를 지키면서 새로운 세상에 대한 열망을 간직하는 이들이 있기에 행복하다. 주어진 삶에서 이미 허물어지고 스러져가는 것들을 보노라면 존재가 스스로 어찌할 수 없는 유한성에 갇혀 있음을 느끼게 된다. 하지만 여기에서 싹트는 생명 의지와 희망은, 비록 유한하고 모순된 울타리에 갇혀버린 인간 존재 일망정 이러한 한계와 속박을 뚫고 비상하려는 힘과 가능성을 북돋울 수밖에는 없는 것이다. 이를 가능하게 하는 요소가 바로 사랑과 자유다. 정미숙의 시는 사랑과 자유로써 자신의 존재에 대한 증거와 세계에 대한 메시지를 전한다. 그런데 이는 결코 단순한 외침이나 표현으로써 성립하지 않는다. 시인이 스쳐간 무수한 사람과 시간과 공간에 대한 애정과 각별한 체험을 바탕으로 싹 틔운 열매다. 이번 시집에 퍼져있는 전체적인 분위기와 정조에서 그리움과 향수, 그리고 치열한 삶의 현장에서 번진 살 내음이 빚어낸 애틋함을 볼 수가 있다. 삶이 있는 풍경의 윤곽에 숨겨져 있는 사연들과, 이 사연들이 놓여있는 세계의 그늘진 표정에서 시인이 끄집어내고 싶어 하는 것은 무엇일까? 우선 다음의 시를 읽으며 단서를 추측해보자.

왼손엔 새끼줄에 꿴 연탄 한 장 들고
오른손엔 시푸라기에 묶인 간갈치 몇 마리
어깨 뒤에 걸고
갈바람에 흔들리는 억새풀처럼 걸어가던 당신
탁배기 한 사발에 태양이 웃던 해거름
아 아 그것은 영원히 지워지지 않는 그림
온몸으로 쓴 당신의 시입니다.

– 「아버지」 전문

아버지를 소재로 한 시다. 여느 사람들도 한 번씩 겪었을 아버지에 대한 생각이라 여길 수 있지만, 시인에게 아버지의 묘사는 좀 더 주의를 기울일 필요가 있어 보인다. 시인이 "온몸으로 쓴 당신의 시"라 정의한 아버지의 모습은 "왼손엔 새끼줄에 꿴 연탄 한 장""오른손엔 지푸라기에 묶인 간갈치 몇 마리/어깨"에 걸며 "억새풀처럼 걸어가"는 그림이다. 아버지에게 삶은 생존의 이름으로 무겁게 다가오는 모든 것이다. 한갓 여유와 사색도 허용하지 않는, 실존의 무게에 아파하면서 신음하는 존재의 초상인 것이다. 시인이 이를 두고 "온몸으로 쓴" 시라고 말한 사실에서 정미숙의 시적 지향점이 언뜻 드러난다. 초라해보일지라도, 이 초라함은 생에 대한 무한한 긍정과 신뢰에 바탕을 두고 있기에 그다 거추장스러워 보이지 않는다. 삶을 바라보는 시인의 시각은 여기에서 여실히 드러난다. 한 존재가 맞닥뜨리는 실존의 무게는 언젠가는 벗어던져 버려야 할 짐이지만, 이 육중한 짐을 짊어지면서도 아름다울 수 있는 까닭은 그 한계 상황 속에서도 쓰러지지 않고 곧바로 주어진 길을 걸어가기 때문이다. 그런데 생에 대한 강렬한 긍정은 실은 그 속에 진득한 비애를 품은 상태라는 점을 이번 시집의 시편들을 통해서 확인할 수 있다.

가난한 나는 많이 서있고 걸어야 하듯
생의 한 순간

일년, 십년을 산 것 같은 날들이 있다

선택해야 할 일 느리게 올 때도 있지만
거친 해일처럼 한꺼번에 밀려 올 때가 더 많으므로

풍경은 갈색톤
낮은 산들은 어디를 가나 어깨를 마주하고
잊을 만하면 나타난 동네들
입구엔 어김없이 천년을 살았을 느티나무
한 번도 제대로 된 직선을 만나지 못한 채
구불구불 이어진 고갯길, 기상을 자랑하는 소나무들
꼿꼿이 서 있는 생의 한 풍경이다

– 「생의 풍경」 부분

지나온 삶의 지난한 생명이 가져다 준 먹먹함이 시인이 바라보는 산과 마을의 풍경과 겹치면서 아련한 느낌을 불러일으키는 시다. 가난했던 "생의 한 순간"이 "일년, 십년을 산 것 같은 날들"처럼 지치고 시름에 겨웠던 때를 회상하면서 아픔을 기억하는 시인의 모습이 선하다. 실존의 상처와 고뇌는 시간이 지나더라도 쉽사리 지워지지 않는 법이다. 더욱이 "한 번도 제대로 된 직선을 만나지 못한 채/구불구불 이어진 고갯길"을 바라보며 생의 무거운 비애를 숨기지 않는다. 정미숙의 시에 숨겨져 있는, 이러한 진득한 슬픔은 어디에서 연유하는 것일까. 삶의 풍경이 드러내는 온갖 다양한 빛깔들 가운데 무엇보다도 절망이나 슬픔과 같은 부정적인 감정들이 불쑥불쑥 솟아나는 것과 관련해 그러한 감정들이 새어나오게 만든 삶의 환경과 토양이 그만큼 순탄하지 않았으리라 추측할 수 있다. 하지만 이런 추측은 그다 쓸모 있는 것이 못된다. 시는 시 자체가 지니는 자족적인 세계를 보이기 때문이다. 시인의 경험과 사고가 대상과 만나 시적 감성으로 우러날 때 시의 형상화가 이루어진다. 정미숙의 시는, 이러한 시적 형상화를 구성하는 이미지와 의미 중에서 대체로 의미에 중점을 두되, 그 의미를 강화하기 위한 방편으로서 이미지와 비유를 적절하게 활용한다. 그가 구사하는 시적 수사는 대체로 뚜렷하기에 거부감이나 이질감이 별로 없다. 삶의 비애를 표현하는데서 가져오는 언어의 형식을 들여다보면, 시인이 슬픔의 무게에 짓눌려 있는 듯 보이지만 이를 벗어던지고 건강한 주체적 존재로 서기 위한 의지를 또한 발견하게 된다.

> 너는 삼천 만 년 전 나방에서 나비로 변해
> 미친 듯 잎사귀 먹고, 허물 네 번 벗어
> 뽑아낸 비단 실 길이가 40km
> 거듭나기 위해 숭고하고 끔찍한 노역에 시달린 너
> 몸 가두고 겨울나무에 매달려
> 변신한 모나코 나비

코 없이 더듬이로 냄새 맡으며
꽃즙 먹고 힘, 세어졌지만
날개 있다하여 아무 때나 날 수 없으므로
햇빛 쪼이고 삼십도 체온 유지하며
밝은 날 바다를 건넜다

비상에 대한 목마름으로
삶에 대한 욕망으로
전생에 나 모나코 나비였는지 몰라!

– 「모나코 나비」 전문

시인의 설명에 따르면 모나코 나비는 지구 반 바퀴 돌아와 멕시코 계곡에서 겨울을 난 뒤 유럽까지 날아간다. "비상에 대한 목마름으로/삶에 대한 욕망으로/전생에 나 모나코 나비였는지 몰라!" 하며 자신을 모나코 나비에 빗대는데서 시인이 꿈꾸는 삶의 욕동을 느낄 수 있다. 그런데 이러한 비상에 대한 목마름과 욕구는 "거듭나기 위해 숭고하고 끔찍한 노역에 시달린 너/몸 가두고 겨울나무에 매달려/변신한 모나코 나비"처럼 오랜 시간 기다리고 힘겨운 노동을 거쳐서 생긴다. 존재의 허약함과 여림을 받아들이지만 그 존재의 조건을 그대로 수락하지 않고 이를 변형하려는 의지가 수반될 때 비로소 저 머나먼 유토피아의 시공간으로 비약할 수가 있는 것이다. 비약은 현실의 자신을 부정하는 것이 아니라 껴안으면서 상

승하는 행위다. 시인이 비약을 꿈꿀 때 자신이 처한 조건과 환경에서 생겨난 실존적인 아픔을 삭이면서 동화하려는 내면적 의지를 생성하게 한다.

정미숙의 시에서 두드러지는 사랑과 그리움의 정서는 존재의 승화 의지에서 자연스럽게 뒤따라오는 정서적 반응으로 이해해야 한다. 그는 삶에 짙게 드리운 불온한 요소들을 예리한 감성으로 파헤치면서, 결국에 존재가 놓여있어야 할 올바른 상태를 시로써 형상화한다. 그것은 한낱 희망에 지나지 않더라도 끝없이 추구해야 할 윤리적 덕목이다. 잃어버린 존재의 한 부분을 메우고, 비어있는 인간 조건의 틈을 채우기 위한 시적 실천 가운데 시인이 추구하는 것은 어둠 속에서도 빛을 망각하지 않는 정신이다.

> 너, 거기 있어 외로움 덜했지
> 끌어당긴 그물에 불빛만 가득했지
>
> 너, 스스로 재촉하여 슬픔을 무르익게 하고
> 수많은 밤 지새운 눈동자
> 반짝이는 금실로 따사롭게 비추었지
>
> 꺼져가는 소리의 물결 빛나갈 때
> 무수한 파문과 가슴 속 뛰는 맥박
> 너 그것을 사랑하였으므로

쓰라린 떨림과 절망마저 사랑했지

한 줄기 꽃처럼 반짝이는 당신의 눈길
내 모든 마음 네게로 향해
요동치는 풍랑을 다스리고 있었지

– 「등대」 전문

'등대'란 비유로써 시인은 가야하고, 또 닿아야만 하는 곳을 환히 비추는 매개를 제시한다. 빛이요 길인 등대는 쉽게 말해서 삶을 인도하는 길잡이인 셈이다. "한 줄기 꽃처럼 반짝이는 당신의 눈길/내 모든 마음 네게로 향해/요동치는 풍랑을 다스리"게 하는 등대는 시인의 진술처럼 복잡하고 들끓는 열정으로 가득 찬 내면을 다스린다. 마음의 평정과 안온함을 갈구하는 의지가, 이를 위한 상징적 소재로써 등대를 자연스럽게 떠올리고 시적 형상화의 주요한 기능을 떠맡는 모습을 보게 된다. 삶의 진정한 길잡이가 되어주는 것은 사실 그리 먼 곳에 있지 않다. "너, 거기 있어 외로움 덜했지/끌어당긴 그물에 불빛만 가득했지"에서 보는 것처럼, 빛은 늘 "거기"에 있을지라도 가까이에 끌어당긴 그물에 비추는 불빛마냥 언제라도 지근거리에서 존재성을 나타낸다. 힘든 인생의 여정에서 감로수 같은 희망과 꿈을 선사하는 것이 있기에 새로울 수 있는 것이다.

연초록빛 풍선 톡 터져
푸른 물 쏟을 것 같은 긴장감으로
가르마 탄 채소밭 둔덕을 본다

나무 중 가장 늦게 잎사귀 내민 감나무
어미 자궁에서 막 나온 강아지 새끼처럼
눈뜨지 못한 채 꼬불꼬불 겹쳐져
축축하고 비릿하게 잎을 내민다

각질은 굳어져 검고 축축한 나무 한 그루에서
이렇게 많은 잎사귀가 숨어 있었다니
내가 떠나온 생의 근원이 너였구나
어서, 불길 만나러 가자구나

– 「봄날, 그 감나무」 전문

생의 의욕은 상징이나 이미지뿐만 아니라 식물과도 같은 자연의 모습에서도 촉발될 수 있다. 「봄남, 그 감나무」에서 시인이 감나무를 보면서 생기와 활력을 되찾는 데서도 확인할 수 있듯이, 봄날의 파릇파릇한 생명력을 보여주는 나무의 생장은 모든 존재가 사실 어떤 목적과 지향점을 지닌 채 놓여있어야 하는지 알려주는 증거가 된다. 시인은 "각질은 굳어져 검고 축축한 나무 한 그루에서/이렇게 많은 잎사귀가 숨어 있"는 사실을 확인하면서, 이것이 바로 "내가 떠나온 생의 근원"이라 깨닫는다. 삶을 이루게 하는 밑동을 갑자기 찾은 것처럼 시인의 온몸을 진동케 했을 감나무 잎사귀는 작고 소박하여 지천에 널린 다른 존재들처럼 우리에게 낯익고 정겹다. 생명의 환희와 신비는 이렇듯 아주 먼데서 오는 게 아니라 일상의 배경을 이루는 사물과 존재들에서 손쉽게 찾을 수 있다. 자신이 떠나온 생의 근원이기에 또한 다시 돌아가야 할 성소聖所이기도 할 것이다. 시인이 발견한 끈질긴 생명의 자리에서 존재가 처한 현실과 이상에 대한 청사진이 더욱 뚜렷해진다.

이른 새벽 눈뜬 작은 새
날개죽지 아픔 이기며
느리게 느리게 퍼덕이며 산에 오르네

텃밭 곳곳을 누비며
먹이 찾아
수천수만 번의 날갯질 위해
아픔 이기며 산에 오르네

요즘 자꾸만 사라져가는 텃밭 식구들 많아져
더 많은 날갯짓 해야함으로
노오란 입벌리고 있을 새끼들마저 생각나니
퍼덕 퍼덕이며 산에 오르네

유난히 오른쪽 날개 더 아프다네
당연히 당연하다는 걸 잘 알면서도
지금 작은 새
날갯죽지 많이 아프다

– 「작은 새」 전문

생명에 대한 무한한 신뢰와 애정은 자연스럽게 일상에서 보게 되는 생명체의 활동에 주의를 기울이게 된다. 그런 점에서 「작은 새」는 시인이 목격한 작은 생명체의 질긴 생명의 욕구에 대한 보고서임과 동시에, 어쩌면 우리 사회를 떠받치는 노동주체에 대한 알레고리인지도 모른다. "텃밭 곳곳을 누비며/먹이 찾아/수천수만 번의 날갯질 위해/아픔 이기며 산에 오르"는 작은 새가 자신의 상처와 고통에도 끊임없이 산에 오르는 이유는 "요즘 자꾸만 사라져 가는 텃밭 식구들 많아져/더 많은 날갯짓 해야 함으로/노오란 입벌리고 있을 새끼들"이 있기 때문이다. 자신의 생존도 중요하지만 자신에게 딸린 생명들을 생각하지 않을 수 없는 환경의 제약이 새로 하여금 산으로 날아오르게 하는 것이다. 시인이 애정이 담긴 눈으로 묘사하는 작은 새를 인간에 빗대면 이해하기 쉽다. 곤궁하고 질퍽거리는 삶의 현장이 어디 한둘이겠느냐마는, 자본의 속악하고 흉측한 메커니즘에 신음하는 노동의 현장을 떠올릴 수 있다. 비록 노동의 고귀함이 원래의 성스러운 인간행위로 재인식되고 받아들여진 시대가 되었다 하더라도 여전히 노동의 강도와 노동소외는 우리 사회의 모순으로 놓여있다. 다음은 정미숙의 시에서 노동의 현장에서 드러나는 각양각색의 모순과 문제점들 가운데 하나를 소재를 한 시다.

그 밤 굳게 닫힌 공장 철문에서
낮 동안 지뢰밭 지나온
서글픈 그 남자가 보인다

쌀 몇 가마 되는 운반차 밀면서
깡 박힌 손으로 이마의 땀 훔치며
깊은 숨 몰아쉬던 야윈 얼굴
판화칼로 그은 듯한 굵은 주름살의 그 남자

검지와 중지 사이에 담배 끼우고
힘들어도 아파도 안 아픈 척해야 한다며
서른 살 되기 전
어서 이 공단을 벗어나야 한다며
처자식 없어도, 술 안 마셔도
하루 최저 임금으로
작년보다 올해가 더 힘들고 내년이 더 힘들어
희망이 보이지 않는다고
담배 연기 뿜으며 말한 그 남자

이백 원짜리 자판기 커피 한잔도
못 빼먹던 그 남자들
지금도 다람쥐 쳇바퀴 돌듯
그렇게 세월을 죽이고 있겠지

– 「오월의 어느 날」 전문

노동을 하며 살아가는 존재인 인간이지만, 노동의 조건이나 환경이 합리적이지 않거나 열악할 때 인간은 노동 메커니즘의 부속품으로 전락한다. 기본적인 생존을 위한 산업체계를 이미 훌쩍 넘어서서 대량생산으로 발전한 시스템에서 점점 불어나는 이윤의 확대는, 역으로 인간 노동의 비합리화와 소외를 야기한다. 여기에서 인간이 처하게 되는 자본의 예속화는 두말할 필요도 없이 삶의 피폐화로 드러나는 것이다. 시인이 묘사하고 있는 "한 남자"는 이런 자본과 노동의 시스템에서 전형적인 노동자의 모습이다. "하루 최저 임금으로/작년보다 올해가 더 힘들고 내년이 더 힘들어/희망이 보이지 않는다고/담배 연기 뿜으며 말한 그 남자"는 7~80년대 산업화시대의 노동자의 자화상이기도 했지만 지금도 흔히 볼 수 있는 노동자의 일면일 뿐이다. 시인은 마지막 연에서 "그 남자"라는 단수형을 넘어 "그 남자들"이라는 복수형으로까지 확대하면서 한국사회 어디에서든 만나게 되는 노동자의 쓸쓸한 풍경을 스케치한다. 이는 비극이다. 노동이 행복을 안겨다주는 것이 아니라 고통과 절망만을 남기는 괴물이 된 것이다. 자유로운 인간정신의 향유와 문화적 실천을 애초부터 불허하는 자본주의사회의 풍경이다. 시인도 적절하게 비유했듯이 "지금도 다람쥐 쳇바퀴 돌듯/ 그렇게 세월을 죽이고 있"을 듯한 수많은 노동자들의 현실은 시인에게 어떤 목소리와 풍경으로 다가오는지 능히 짐작할 수 있다.

정미숙은 인간의 실존적 한계와 사회구조적 상황으로 헤매는 허약하고 작은 존재가 짓는 표정을 놓치지 않는다. 이는 세계를 바라보는 눈에 어린 연민을 전제로 해서만 가능해진다. 필연적으로 도래해야만 하는 존재의 복된 상태는 가시세계의 유한한 시공간에서는 늘 유예될 수밖에 없다는 사실을 시인은 잘 알고 있다. 시집 전편에 흐르는 분위기와 정조 가운데 슬픔의 파토스가 우세한 까닭도 이와 관련 있을 것이다. 그는 힘겹게 죄어오는 세계의 몸뚱이를 보며 부드럽게 부서진다. 그런데 이 행위는 자기포기와 절망의 형식이 아니라 가느다란 희망의 빛줄기라도 잡으려는 숭고한 인간의 몸짓이다. 사람이 세계와 싸우는 대립과 투쟁 그리고 이로부터 파생하는 피비린내 나는 모순보다도 어쩌면 떠나간 것들에 대한 손짓을 통해 함께 어우러져 한바탕 춤이라도 추고 싶어 하는 갈망이 녹아있는지도 모르겠다. 자신의 힘으로 어찌할 수 없는 것들이지만, 이들이 떠나가고 흘러가면서 신산한 삶을 버티는 모습에서 시적 상상력은 가물가물 피어오른다.

오래 전 아이 출산하며 생긴 흔적
철사 줄처럼 그어져 있는 아랫배를 홀로 숨어
지금도 그 상처를 스스로 핥아야 한다

타박타박 느린 걸음으로 온 어느 오후
몸과 마음 충분히 갉아먹은 다음
배부른 듯 뒤뚱거리며 사라져간 헛꽃

선로 사이의 침목처럼 이어가고 싶었을 뿐
떠나길 망설이는 새 되기 싫어
녹슨 고철더미 달빛 속에 몸 비비고 있다

달차면 기울고 매달 생리하듯
태풍으로 와서 홀연히 가버리면 남겨진 마음
쑥대밭이라는 걸 너도 잘 알거야

고운 눈에 헛꽃 피기 전에
신발 찾아 신고 열어두었던 쪽문으로
나가 발자국 찾아 헛꽃 피우며
헤맬지도 몰라

- 「헛꽃」 전문

헛꽃을 찾아서, 헛꽃을 피우려 하는 시인의 마음이 심란하게 펼쳐져 있는 시다. 화자의 경험과 기억 속에서 꿈틀거리는 숱한 삶의 거죽들과 만남이 지금에 와서 어떤 의미로 남아있는지 짐작할 수 있게 한다. "선로 사이의 침목처럼 이어가고 싶었을 뿐/떠나길 망설이는 새 되기 싫어/녹슨 고철더미 달빛 속에 몸 비비고 있"는 애닯은 심사心思 속에 우리 인간의 회한이 들어있지 않았을까. 시인 또한 마찬가지일 것이다. 헛꽃이 상징하듯, 행복과 만족의 삶을 갈구할수록 미끄러져만 가는 존재와 세계 사이의 뫼비우스 띠처럼 우리는 방황한다. 손으로 잡으려 할수록 빠져나가는 것이 있다. 시인은 인간이 처한 한계 조건과 각자의 삶이 만든 흉터와도 같은 빛깔을 보고 눈 감으려 하지 않는다. 일종의 자기 확인이자, 지금 이곳의 존재방식을 이겨내고 더욱 아름다운 세계의 비전을 직접 확인하려 한다. 이를 구체적인 사람과 대상으로 한정하면 사랑이 실천이 될 것이고, 우리사회의 모순된 체제 방식으로 눈길을 돌리면 자유의 희구가 될 것이다. 부정적인 세계관이 녹아있는 것처럼 보이면서도 그 속을 들여다보면 환한 긍정과 낙관의 시선이 들어있다. 쉽사리 절망하고 어떤 대상을 애타게 그리워하는 듯하면서도 슬픔의 바닥에까지 떨어지지 않고 희망의 봉우리에 닿으려 하는 마음이 가득하다. 이번 시집은 그런 면에서 한 편의 가곡이요 오페라다. 삶의 다양한 양태와 감정들이 사계의 변화처럼 다채로우면서도 생의 빛나는 절정을 향해 한 점 한 점 꾹 눌러 쓰는 펜촉의 날카로움이 느껴진다.

비록 뼈아픈 멍에를 짊어졌더라도 결코 벗어던지지 않고 묵묵히 앞으로 나아가는 낙타의 묵직한 걸음처럼 그의 시에 표현된 모든 세계에 비친 한 줄 빛을 본다. 시인이 보고 겪은 사연들이 자리한 생의 터전이 굴곡질수록 시인은 마음 아파하고 저려한다. 그래서 어쩌면 이번 시집의 시편들 하나하나가 울음을 삼키고 나서 터져 나온 엘레지인지도 모른다. 황폐한 생명의 터전에서 피어 올리는 사랑과 자유의 전언은 그렇게 시작한다. 불온한 존재 구조에서 파생된 주체와 공동체의 대립과 갈등을 넘어, 그리고 실존적 한계 상황 때문에 생겨나는 슬픔과 애상의 감성을 넘어서 걸어가야 하는 곳에 유토피아 같은 시의 성문에 다다를 수 있겠지만 이도 예술적 이데올로기의 하나에 지나지 않다. 시는 지금 이 순간 꿈틀대는 언어와 존재 사이의 비명이자 신음이지 않을까. 정미숙의 시들이 의미를 지닌다면 바로 그러한 가능성 때문일 것이다.

이 도서의 국립중앙도서관 출판시도서목록(CIP)은 e-CIP 홈페이지
(http://www.nl.go.kr/ecip)에서 이용하실 수 있습니다.
(CIP 제어번호 : CIP2018037058)

등에 핀 꽃

2018년 11월 19일 초판 1쇄 인쇄
2018년 11월 26일 초판 1쇄 발행

지은이 | 정미숙
펴낸이 | 孫貞順
펴낸곳 | 도서출판 작가
(03761)서울 서대문구 북아현로 6길 50
전화 | 02)365-8111~2 팩스 | 02)365-8110
이메일 | morebook@naver.com
홈페이지 | www.morebook.co.kr
등록번호 | 제13-630호(2000. 2. 9.)

편집 | 손희 최서영
디자인 | 전경아
영업 | 손원대
관리 | 이용승

ISBN 978-89-94815-85-5 03810

잘못된 책은 구입하신 서점에서 바꾸어 드립니다.

값 10,000원